全国技工院校汽车维修专业（中级技能层级）

汽车电路知识与基本操作技能（第二版）

习题册

张文娟◎主编

中国劳动社会保障出版社

简介

本习题册为全国技工院校汽车维修专业模块化教材（中级技能层级）《汽车电路知识与基本操作技能（第二版）》的配套用书。本习题册按照教材章节顺序编写，内容紧扣教学要求，知识点分布均衡，题型丰富多样，习题难易适中，有助于学生复习巩固所学知识。

本习题册由张文娟任主编，李昌丽任副主编，马立云、孙小曼参加编写，叶录京任主审。

图书在版编目（CIP）数据

汽车电路知识与基本操作技能（第二版）习题册 / 张文娟主编. -- 北京：中国劳动社会保障出版社，2024

全国技工院校汽车维修专业. 中级技能层级

ISBN 978-7-5167-6293-6

Ⅰ. ①汽…　Ⅱ. ①张…　Ⅲ. ①汽车 - 电路分析　Ⅳ. ①U463.6

中国国家版本馆 CIP 数据核字（2024）第 101424 号

中国劳动社会保障出版社出版发行

（北京市惠新东街 1 号　邮政编码：100029）

*

北京谊兴印刷有限公司印刷装订　新华书店经销

787 毫米 ×1092 毫米　16 开本　3.25 印张　66 千字

2024 年 6 月第 1 版　　2024 年 6 月第 1 次印刷

定价：7.00 元

营销中心电话：400-606-6496

出版社网址：http://www.class.com.cn

http://jg.class.com.cn

目　录

模块一　安全用电知识

一、填空题（将正确的答案填写在横线上）

1. 日常生活中，电可以分为三种：________、__________和_________。

2. 我国把安全电压的额定值分为______、______、______、______、______五个等级。

3. 安全用电包括__________的安全、__________的安全及________安全。

4. 电源插头与插座中有三插头和三插孔的，标有"⏚"或"E"标识的为________，标有"L"的为________，标有"N"的为________。

5. 扑救电气火灾时要注意________危险，首先应及时切断________。

二、选择题（将正确答案的序号填入括号中）

1. 家中的照明灯所用的电是（　　）。

A. 静电　　B. 直流电　　C. 交流电　　D. 高压电

2. 燃油车上的蓄电池向用电器提供的电是（　　）。

A. 静电　　B. 直流电　　C. 交流电　　D. 高压电

3. 火灾报警电话是（　　）。

A. 110　　B. 120　　C. 119　　D. 122

4. 由零点引出的线称为（　　）。

A. 地线　　B. 零线

C. 相线　　D. 以上均不正确

三、判断题（正确的在括号内打"√"，错误的在括号内打"×"）

1. 可以用湿抹布擦除电气装置上的灰尘。（　　）

2. 发现有人触电时，应立即断开电源。（　　）

3. 使用灭火器灭火时，灭火人员应站在上风侧。（　　）

4. 供电时，应先合上负荷开关，再合上隔离开关。切断电路时，应先断开隔离开关，再断开负荷开关。（　　）

5. 严禁利用大地作为中性线。（　　）

四、简答题

1. 什么是直流电？

2. 什么是交流电？

3. 什么是安全电压？

4. 简述触电事故的处理方法。

5. 简述电气设备安全运行要求。

模块二　直流电路基础知识及基础元件的测量

课题1　直流电路基础知识

一、填空题（将正确的答案填写在横线上）

1. 电荷的定向移动形成________，用符号______表示，单位是________。

2. 电压 U_{ab} 等于电路中 a、b 两点间的________，单位是________。

3. 在汽车电路中，常用汽车________、________和发动机等金属件作为参考零点，即零电位点，也就是通常说的接地或________。

4. ________是表示电容器容纳电荷能力的物理量。

5. 电阻阻值随________的变化而发生变化的电阻称为压敏电阻。在电控汽油喷射系统中，进气歧管压力传感器采用的就是压敏电阻。

6. 图 2–1–1 所示色环电阻的阻值为________________。

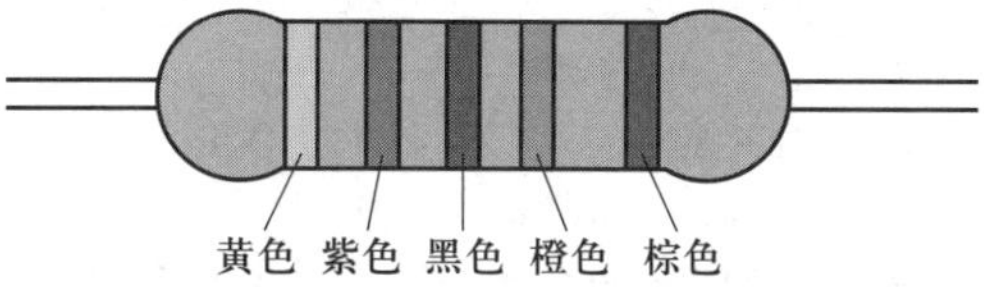

黄色　紫色　黑色　橙色　棕色

图 2–1–1　色环电阻

7. 电路的三种状态分别是________、________和短路。

8. 两个或多个元件首尾相接在电路中，使电流只有一条通路，这种连接方式称为________。

9. 电路中有两个或多个元件连接在两个公共的节点之间，承受同一个端电压，这些元件的连接关系称为________。

二、选择题（将正确答案的序号填入括号中）

1. 汽车上常用的电流类型是（　　），家庭、工矿企业常用（　　）。

A．直流电，交流电　　B．交流电，直流电

C．直流电，直流电　　D．交流电，交流电

2. 作为负载，汽车中的白炽灯将（　　）转换成光能。

A．化学能　　B．机械能　　C．电能　　D．生物能

3．电路中任意两点电位的差值称为（　　）。

A．电动势　　B．电势　　C．电位　　D．电压

4．汽油发动机上的水温传感器采用的电阻是（　　）。

A．压敏电阻　　B．光敏电阻

C．热敏电阻　　D．普通电阻

5．汽车上常用（　　）温度系数热敏电阻，温度越高，电阻越（　　）。

A．负，大　　B．负，小　　C．正，大　　D．正，小

6．（　　）是指负载被导线直接短接或负载内部击穿损坏，电流没有经过负载，直接从正极到负极，此时流过电路的电流很大。

A．通路　　B．开路　　C．断路　　D．短路

7．某直流电路的电压为 220 V，电阻为 40 Ω，其电流为（　　）A。

A．1.8　　B．8.8　　C．5.5　　D．4.4

8．在实际电路中，各照明灯具之间的正确连接方式是（　　）。

A．串联　　B．并联

C．混联　　D．以上均不正确

9．三个阻值相同的电阻串联，其总阻值等于其中一个电阻阻值的（　　）倍。

A．1/3　　B．3　　C．6　　D．4/3

10．阻值为 6 Ω 与 3 Ω 的两个电阻并联，它的等效电阻（即总电阻）阻值应为（　　）Ω。

A．2　　B．3　　C．0.5　　D．9

三、判断题（正确的在括号内打“√”，错误的在括号内打“×”）

1．电路中电流的方向是电子运动的方向。（　　）

2．电路中的参考点改变，各点的电位也将改变。（　　）

3．在并联电路中，总电阻阻值一定小于任何一个电阻的阻值。（　　）

4．在串联电路中，总电阻阻值一定大于任何一个电阻的阻值。（　　）

5．短路也称为开路。（　　）

6．负载是电路中的用电设备，它把其他形式的能量转换成电能。（　　）

7．几个阻值不同的电阻串联，每个电阻中通过的电流也不相等。（　　）

8．在直流电路中，电流相等的两个元件必属串联，电压相等的两个元件必属并联。（　　）

9．一根粗细均匀的电阻丝，其阻值为 4 Ω，将其等分为两段再并联使用，等效电阻是 1 Ω。（　　）

10．电容的单位为法拉，用 F 表示。（　　）

四、简答题

1. 简述串联电路的特点。

2. 简述并联电路的特点。

3. 图 2-1-2 中 4 个喷油器 No.1、No.2、No.3、No.4 是串联关系还是并联关系？

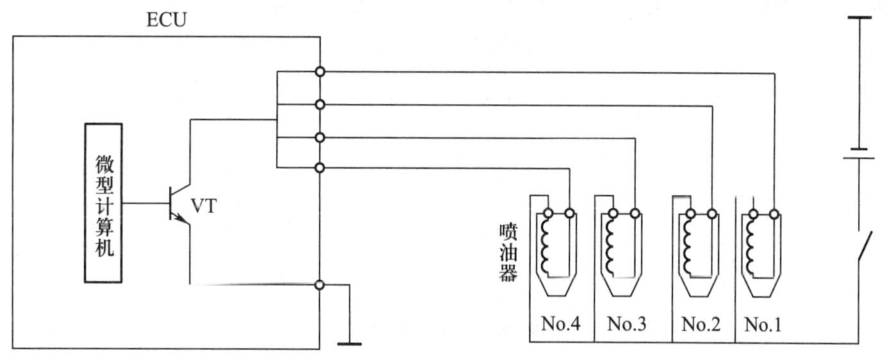

图 2-1-2　喷油器连接电路图

五、计算题

1. 两电阻 R1、R2 串联后接于总电压为 100 V 的电源上，其中 R_1=20 Ω，R_2=30 Ω，回答以下问题：

（1）求总电流大小和各电阻两端的电压。

（2）将电阻 R2 换成阻值为 80 Ω 的电阻，再求总电流大小和各电阻两端的电压。

2. 观察分析图 2–1–3 所示电路，回答以下问题：

（1）各电路中电阻 R1、R2、R3 之间是串联关系还是并联关系？

（2）已知 R_1=3 Ω，R_2=3 Ω，R_3=1.5 Ω，试计算各图中总电阻阻值的大小。

（3）已知电源电压为 12 V，试计算各图中总电流的大小。

（4）试计算图 2–1–3c 中通过电阻 R1、R2、R3 的电流大小和电阻 R1、R2、R3 两端电压的大小。

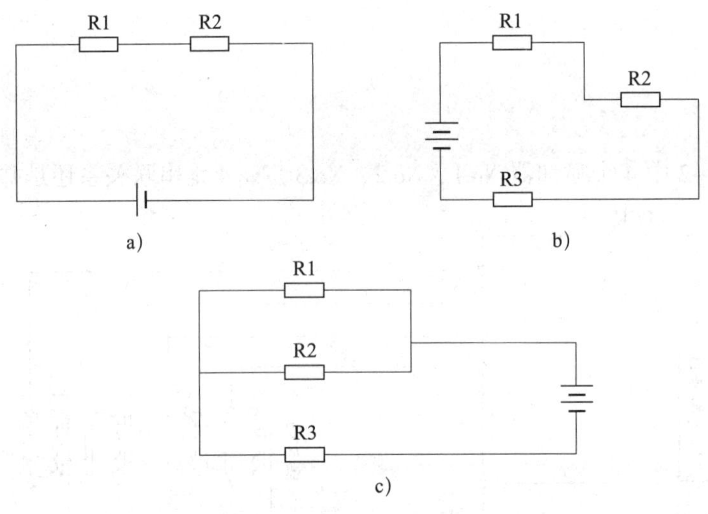

图 2–1–3　电路图

a）电路图 1　b）电路图 2　c）电路图 3

课题2 测量仪器的使用

一、填空题（将正确的答案填写在横线上）

1. ________是一种最常用的电工测量仪表，能够测量多种电量和电参数，并且测量量程多、操作简单、携带方便。

2. 万用表上的符号 A ~ 表示________，符号 V ~ 表示________。

3. 用万用表测量电压时，应将测试表笔____（并联 / 串联）接入电路中。

4. 用万用表测量电流时，应将测试表笔____（并联 / 串联）接入电路中。

5. 对整车进行绝缘电阻测量前，首先应确保断开________。

6. ________________使汽车电子设备的测试变得非常简单，只要选择测试的内容，无须任何设定和调整就可以直接观察波形。

7. ____________不仅具有万用表的功能，能够测量交直流电压和电阻，还能进行绝缘电阻测试。

8. 禁止在测量高电压或________时切换量程，以防止产生电弧，烧毁开关触点。

二、选择题（将正确答案的序号填入括号中）

1. 万用表分为（　　）和数字式万用表，当前使用最多的是数字式万用表。

   A. 电感万用表　　B. 电压万用表

   C. 电流万用表　　D. 指针式万用表

2. 用数字式万用表测量电阻时，以下说法错误的是（　　）。

   A. 测电阻前无须断开电源

   B. 严禁带电测电阻

   C. 测电阻前应将两表笔短接，测出引线电阻以修正测量结果

   D. 红表笔插入“VΩ”插孔，黑表笔插入“COM”插孔

3. 选择量程时，如果不能确定被测电流的大小，应选择（　　）量程进行测量。

   A. 任意　　B. 小　　C. 大　　D. 中间

4. 测量绝缘电阻应使用（　　）。

   A. 万用表　　B. 绝缘测试仪　　C. 电压表　　D. 电流表

5. 以下关于绝缘测试仪的说法错误的是（　　）。

   A. 必须在断电情况下进行绝缘电阻的测量

   B. 高压部件内部有电容存在，因此严禁高压部件端子之间的绝缘电阻测量

   C. 可以用绝缘测试仪对低压电器进行测量

D．绝缘电阻测量后需要保持 1 min，待数值稳定后再进行读数

6．汽车专用示波器不可测量（　　）。

A．电压　　B．电流　　C．点火波形　　D．传感器波形

7．用绝缘测试仪测绝缘电阻时，测试探头应分别插入（　　）和（　　）插孔。

A．Ω，COM　　B．V，Ω　　C．V，COM　　D．以上均不对

三、判断题（正确的在括号内打“√”，错误的在括号内打“×”）

1．用数字式万用表测量直流电压时，极性接反会损坏万用表。（　　）

2．用数字式万用表测量在线电阻时，应断开被测电路的电源，并使被测电路中的电容放完电，才能进行测量。（　　）

3．用数字式万用表测量小电流和大电流时，红表笔的插入孔是相同的。（　　）

4．用绝缘测试仪测量绝缘电阻时，应将绝缘测试表笔与被测部件高压端子接触，绝缘夹与部件壳体或车体接触。（　　）

5．用绝缘测试仪测量绝缘电阻前，应将被测设备的电源切断，并进行短路放电，以确保安全。（　　）

6．使用汽车专用示波器的过程中应注意远离热源。（　　）

7．使用汽车专用示波器测试点火波形时，必须使用示波器附件中的专用电容探头，不能将示波器探头直接接入点火次级电路。（　　）

四、简答题

1．简述用数字式万用表测量直流电压的操作步骤。

2. 简述用数字式万用表测量喷油器电阻的操作步骤。

3. 简述用绝缘测试仪测量绝缘电阻的操作步骤。

4. 简述汽车专用示波器的功能。

模块三　磁场及电磁器件

课题1　磁场及电磁感应

一、填空题（将正确的答案填写在横线上）

1. 人们把物体能够吸引______、______、______等金属及其合金的性质称为磁性。

2. 具有磁性的物体称为__________。磁体两端磁性最强的部分称为__________。

3. 同名磁极相互__________，异名磁极相互__________。

4. 磁体周围的空间存在着一种特殊物质即__________。

5. 磁感线方向相同、分布均匀而又相互平行的区域称为____________，反之则称为_______________。

6. 磁感应强度（B）是表示磁场内某点的磁场________和________的物理量，单位是_________。

7. _________是一个用来表示磁场媒质磁性的物理量，也就是用来衡量物质__________能力的物理量。

8. 判断电流产生的磁场方向使用__________定则。

二、选择题（将正确答案的序号填入括号中）

1. 指南的磁极称为指南极，简称南极，用英文字母（　　）表示；指北的磁极称为指北极，简称北极，用英文字母（　　）表示。

A. N，S　　B. S，N　　C. N，N　　D. S，S

2. 磁感线是互不交叉的闭合曲线，在磁体外部由（　　）极指向（　　）极。

A. N，S　　B. S，N　　C. N，N　　D. S，S

3. 磁感线越密的地方磁场越（　　）。

A. 强　　B. 弱　　C. 均匀　　D. 不均匀

4. 判断通电直导体在磁场中的受力方向使用（　　）定则。

A. 左手　　B. 右手　　C. 伏安　　D. 安培

5. 判断在磁场中运动的导体产生的感应电动势方向使用（　　）定则。

A. 左手　　B. 右手　　C. 伏安　　D. 安培

6. 通电螺线管周围磁场方向确定的方法为：用右手握住通电螺线管，让弯曲的四指环绕的方向与电流方向一致，则拇指所指的方向就是通电螺线管的（　　）极。

A．正　　B．负　　C．N　　D．S

7．楞次定律可表述为：感应电流的磁场总要（　　）引起感应电流的磁通量的变化。

A．加剧　　B．保持

C．阻碍　　D．以上均不正确

三、判断题（正确的在括号内打“√”，错误的在括号内打“×”）

1．磁体的 N 极和 S 极总是成对出现，不能单独出现。（　　）

2．磁体内部磁感线由 N 极指向 S 极。（　　）

3．磁感线上任意一点的切线方向就是该点的磁场方向。（　　）

4．通常，平行于纸面的磁感线用带箭头的线表示。（　　）

5．磁感应强度是一个矢量。（　　）

6．磁性材料具有磁滞性。（　　）

7．磁感线是客观存在的。（　　）

8．任何通有电流的导线周围都存在磁场。（　　）

9．铁磁性材料的磁阻比空气的磁阻大得多。（　　）

10．当其他条件一定时，磁路的横截面积越大，磁阻越小。（　　）

四、应用题

1．根据左手定则判断图 3–1–1 中通电直导体的受力方向。

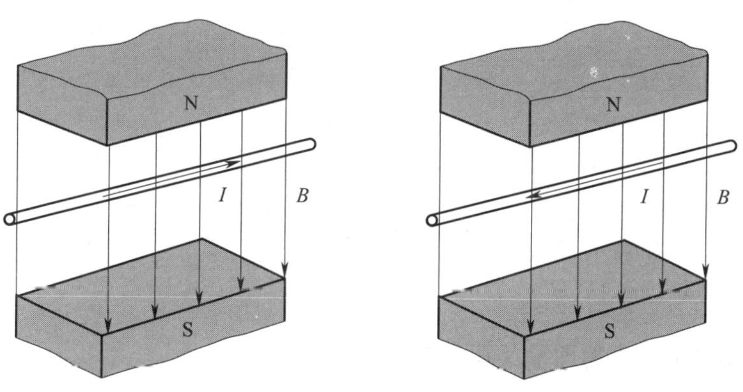

图 3–1–1　通电直导体

2. 根据右手定则判断图 3–1–2 中感应电动势的方向。

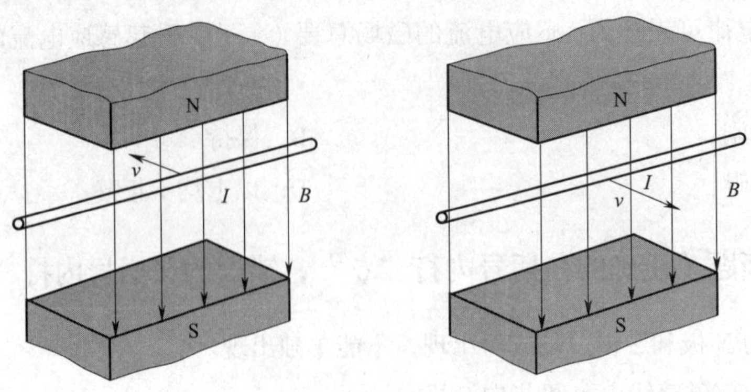

图 3–1–2　运动导体

五、简答题

1. 简述磁场的基本物理量及其含义。

2．简述安培定则的内容。

3．简述电磁感应现象的定义。

4．简述电流的磁效应的定义。

5．简述磁路的定义。

课题❷ 自感与互感

一、填空题（将正确的答案填写在横线上）

1．当一个线圈中的电流发生变化时，它产生的磁场就会发生变化，变化的磁场在另一个线圈中产生感应电动势的现象，称为＿＿＿＿＿＿＿。

2．互感电动势的方向由＿＿＿＿＿＿＿定律和＿＿＿＿＿＿＿＿定则来确定。

3. 变压器中与电源相连的称为___________N_1（或称初级绕组），与负载相连的称为___________N_2（或称次级绕组）。

4. 一次、二次绕组的______之比为 K，称为变压器的______，即一次、二次绕组的______比。

5. 由于导体本身电流发生变化而产生的电磁感应现象称为______现象。

6. 自感电动势的方向用______定律判断。

7. 当线圈中电流 I 增大时，自感电动势的方向与原电流方向______，以阻碍原电流增大；当线圈中电流 I 减小时，自感电动势的方向与原电流的方向______，以阻碍原电流的减小。

8. 当点火系中点火线圈一次绕组中的电流突然减小时，会产生 200 ~ 300 V 的自感电动势，就是利用______现象来工作的；同时，互感的作用使___________中产生 10 000 ~ 30 000 V 高压，以使火花塞______。

二、选择题（将正确答案的序号填入括号中）

1. 图 3–2–1 中，L 为自感系数较大的线圈，电路稳定后灯泡正常发光，断开开关后的现象为（　　）。

A. 灯泡立即熄灭

B. 灯泡慢慢熄灭

C. 灯泡突然闪亮一下再慢慢熄灭

D. 灯泡突然闪亮一下再立即熄灭

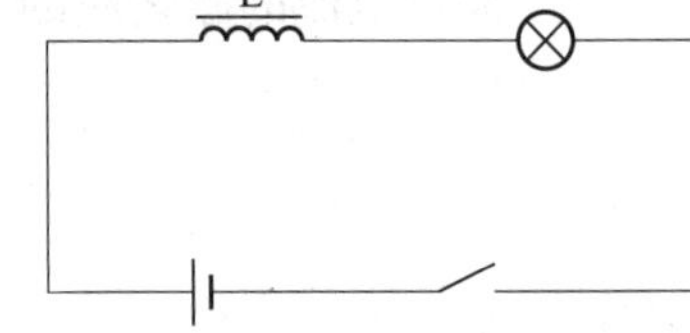

图 3–2–1　灯泡电路

2. 图 3–2–2 中，电阻 R 和自感线圈 L 的阻值相等，接通开关，使电路达到稳定状态，灯泡发光，以下说法正确的是（　　）。

①在电路 3–2–2a 中，断开开关，灯泡将逐渐变暗

②在电路 3–2–2a 中，断开开关，灯泡将先变得更亮，然后再逐渐变暗

③在电路 3–2–2b 中，断开开关，灯泡将逐渐变暗

④在电路 3–2–2b 中，断开开关，灯泡将先变得更亮，然后再逐渐变暗

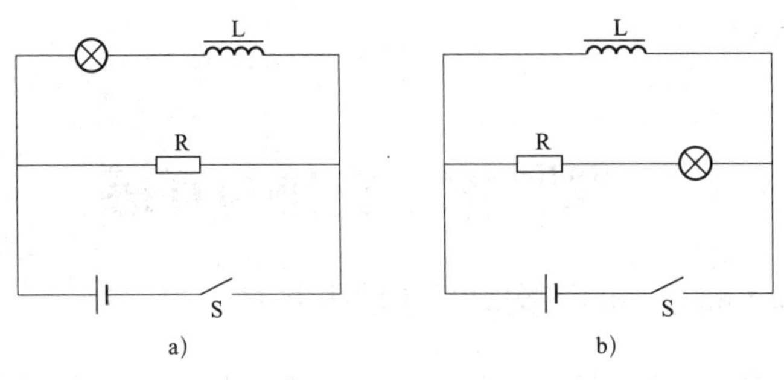

图 3–2–2　电路图

a）电路图 1　b）电路图 2

A. ①③　　B. ②③　　C. ②④　　D. ①④

3. 图 3-2-3 所示的电路中，EL1 和 EL2 是完全相同的灯泡，线圈 L 的电阻可以忽略，以下说法中正确的是（　　）。

①接通电路时，灯泡 EL2 先亮，灯泡 EL1 后亮，最后两灯泡亮度相同

②接通电路时，灯泡 EL1 和 EL2 亮度始终相同

③断开电路时，灯泡 EL2 立刻熄灭，灯泡 EL1 一段时间后熄灭

④断开电路时，灯泡 EL1 和 EL2 都要一段时间后才熄灭

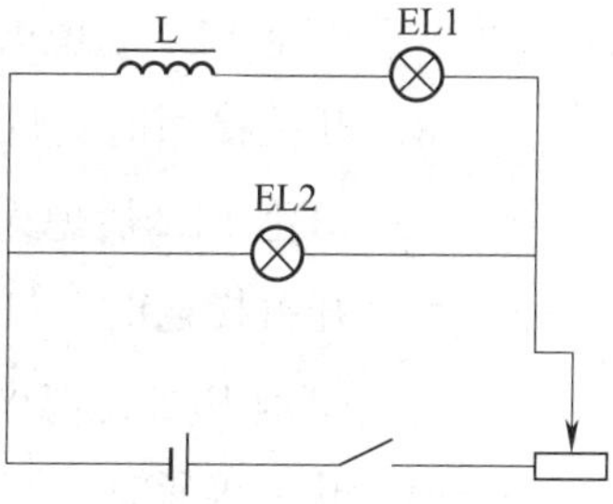

图 3-2-3　电路图

A. ①③　　B. ②③　　C. ②④　　D. ①④

4. 图 3-2-4 中的两个电阻阻值均为 R，L 的电阻及电池内阻均可忽略。初始状态下开关断开，电路中电流 $I_0=\dfrac{E}{2R}$。现将开关闭合，电路中产生自感电动势，此自感电动势的作用是（　　）。

A. 阻碍电流的增大，最终电流减小为 0

B. 阻碍电流的增大，最终电流小于 I_0

C. 阻碍电流的增大，电流始终保持不变

D. 阻碍电流的增大，但电流仍然增大，最终变为 $2I_0$

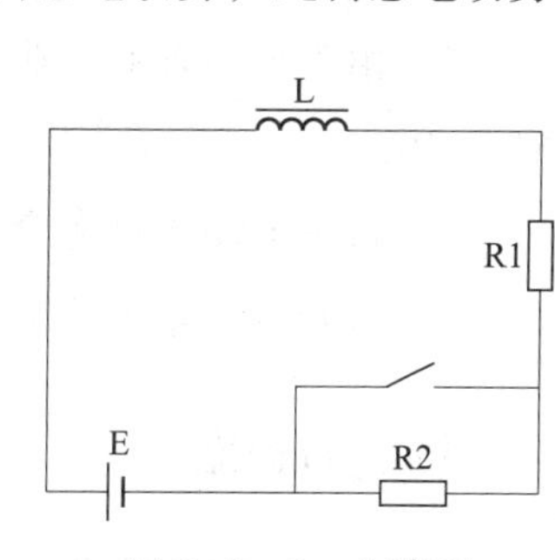

图 3-2-4　电路图

5. 关于自感电动势，以下说法正确的是（　　）。

A. 自感电动势总是阻碍电路中电流的增加

B. 自感电动势总是阻碍电路中电流的变化

C. 电路中的电流越大，自感电动势越大

D. 电路中的电流变化量越大，自感电动势越大

6. 关于感应电动势，以下说法正确的是（　　）。

A. 穿过闭合电路的磁感应强度越大，感应电动势就越大

B. 穿过闭合电路的磁通量越大，感应电动势就越大

C. 单位时间内穿过闭合电路的磁通量的变化量越大，其感应电动势就越大

D. 穿过闭合电路的磁通量变化越快，其感应电动势就越小

7. 恒定的均匀磁场中有一圆形的闭合线圈，线圈平面垂直于磁场方向，若要使线圈中产生感应电流，线圈应在磁场中（　　）。

A. 沿自身所在平面做匀速运动

B. 沿自身所在平面做匀加速运动

C. 绕任意一条直径转动

D. 沿磁感线方向移动

8. 图 3-2-5 中的 EL1、EL2 是两个完全相同的灯泡，L 是自感系数很大的线圈，其阻值与电阻 R 相同。由于存在自感现象，当开关接通和断开时，灯泡 EL1、EL2 亮、暗的次序是（　　）。

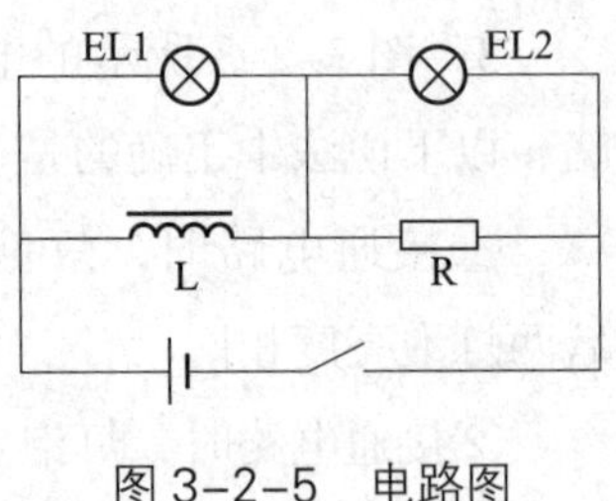

图 3-2-5　电路图

A．开关接通时，灯泡 EL1 先达最亮；开关断开时，灯泡 EL1 后熄灭

B．开关接通时，灯泡 EL2 先达最亮；开关断开时，灯泡 EL2 后熄灭

C．开关接通时，灯泡 EL1 先达最亮；开关断开时，灯泡 EL1 先熄灭

D．开关接通时，灯泡 EL2 先达最亮；开关断开时，灯泡 EL2 先熄灭

三、判断题（正确的在括号内打“√”，错误的在括号内打“×”）

1．只要两个线圈离得很近，就能产生互感现象。（　　）

2．变压器不仅能改变电压，还能改变电流。（　　）

3．由于变压器有内阻抗压降，所以二次绕组的空载电压一般应比满载时的电压高5%～10%。（　　）

4．自感电动势总起着阻碍原电流变化的作用。（　　）

5．日光灯电路中的镇流器就是利用自感电动势点亮日光灯的。（　　）

四、简答题

1．什么是互感现象？

2．汽车上由微机控制的点火系是如何利用点火线圈的互感原理工作的？

3. 什么是自感现象？

课题3 电磁铁在汽车电气元件中的应用

一、填空题（将正确的答案填写在横线上）

1. 电磁铁是利用通电的___________吸引__________或保持某种机械零件、工件于固定位置的一种装置。

2. 当电源断开时，电磁铁的__________消失，衔铁或其他零件即被释放。

3. 电磁铁由__________、__________及__________三部分组成。

4. 继电器是自动控制电路中常用的一种元件，它是用______的电流来控制______电流的一种自动开关，在电路中起着___________、___________、___________等作用。

5. 继电器的种类很多，常用的有___________和___________两种。

6. ___________继电器成本较低，便于控制电路。___________继电器反应灵敏，多用于信号采集。

7. 根据外形的不同，汽车喇叭可分为___________、______、______等。

8. 汽车喇叭靠__________原理使膜片振动而发出声音警报信号。

二、选择题（将正确答案的序号填入括号中）

1. 通过电磁铁的电流越大，电磁铁的磁性越（　　）。

A. 稳定　　B. 不稳定　　C. 弱　　D. 强

2. 当电流一定时，电磁铁线圈的匝数越多，磁性越（　　）。

A. 稳定　　B. 不稳定　　C. 弱　　D. 强

3. 大多数汽车都装备两个喇叭，两个喇叭互相（　　），然后与喇叭开关（　　）。

A. 并联，串联　　B. 串联，并联　　C. 串联，串联　　D. 并联，并联

4. 喇叭的设计和形状决定了发声的频率和音色。喇叭的音调与膜片每秒的振动次

数有关，膜片振动越快，音调（　　）。

A．越高　　B．越低　　C．变化越快　　D．变化越慢

5．起动机启动时，两个主接线柱触点接通之后，蓄电池的电流直接通过主触点和接触片进入电动机，使电动机正常运转，此时吸引线圈被（　　）。

A．断路　　B．短路　　C．正常接通　　D．以上均不正确

6．继电器的两个电磁触点应同心，接触面积应不小于触点总面积的（　　）。

A．60%　　B．70%　　C．80%　　D．85%

三、判断题（正确的在括号内打“√”，错误的在括号内打“×”）

1．电磁铁磁性的有无可用通断电来控制。（　　）

2．工业控制中使用的中间继电器、热继电器等体积较大，线圈通过的电流或承受的电压较大，触点允许通过的电流较大。（　　）

3．汽车电气系统中使用的继电器体积较大，触点控制的电流也较大，属于大型继电器。（　　）

4．当继电器线圈通电时，在铁芯、轭铁、衔铁和工作气隙中形成磁通回路。（　　）

5．喇叭由电磁线圈、可动的衔铁、膜片、常开的触点等构成。（　　）

6．继电器触点表面应平整、光洁。如有轻微烧蚀，应用00号砂布（对折后使用）修磨。（　　）

四、简答题

1．简述电磁式继电器的结构。

2．简述喇叭的工作过程。

3．简述起动机的基本工作过程。

五、应用题

1．根据电磁铁的结构填写图 3-3-1 中各部分的名称。

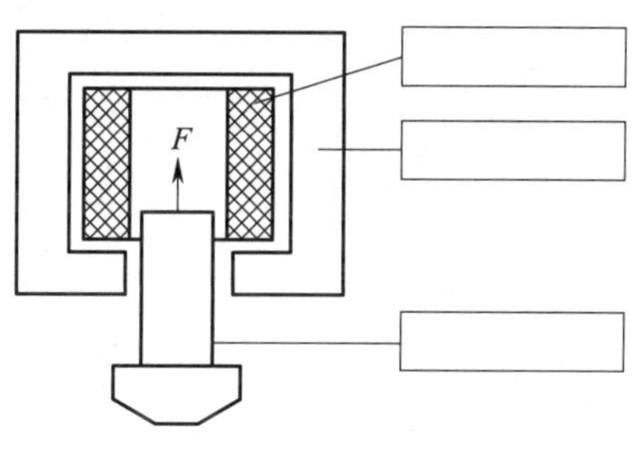

图 3-3-1　电磁铁的结构

2．根据电磁式继电器的结构填写图 3–3–2 中各部分的名称。

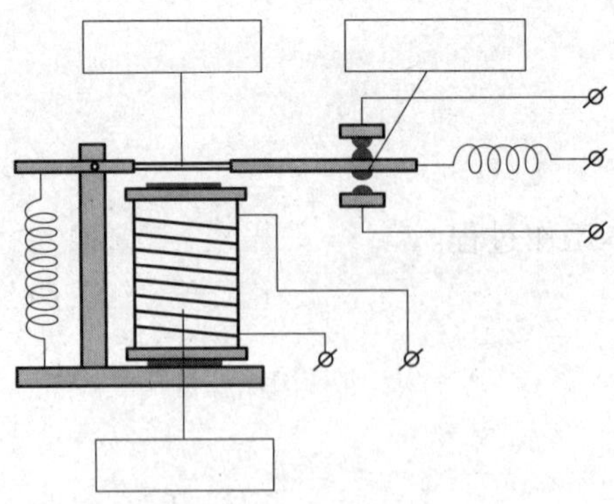

图 3–3–2　电磁式继电器的结构

模块四　汽车电子技术应用

课题1　半导体二极管

一、填空题（将正确的答案填写在横线上）

1．当P型半导体和N型半导体结合在一起时，得到的________封装起来就是二极管。

2．二极管用字母______表示。

3．二极管只允许电流以一个方向流动，即从二极管的____极流向____极，这就是二极管的______________。

4．流过二极管的电流随着加在二极管两端电压的变化而变化的性质称为二极管的________特性。

5．二极管死区电压：硅管 U_{th}=______V，锗管 U_{th}=______V。

6．稳压二极管在正常工作时必须与一个______串联，它提供了稳压二极管的稳定工作电流。

7．发光二极管能将____信号转换为____信号。

8．光敏二极管能将____信号转换为____信号。

二、选择题（将正确答案的序号填入括号中）

1．硅管的导通压降为（　　）V，锗管的导通压降为（　　）V。

A．0.1，0.3　　B．0.3，0.1　　C．0.7，0.3　　D．0.3，0.7

2．当反向电压增加到某个数值 U_{BR} 时，流过二极管的反向电流将急剧增大，U_{BR} 称为（　　）电压。

A．反向击穿　　B．热击穿　　C．导通　　D．饱和

3．稳压二极管在工作时必须将正极接（　　）电位，负极接（　　）电位。

A．高，低　　B．低，高　　C．高，零　　D．低，零

4．不能用于制作发光二极管的材料是（　　）。

A．砷（As）　　B．镓（Ga）　　C．磷（P）　　D．硫（S）

5．发光二极管的图形符号是（　　）。

A．　　B．　　C．　　D．

6．光敏二极管的图形符号是（　　）。

A．　　B．　　C．　　D．

7．当光敏二极管的光照强度增大时，其反向电流（　　）。

A．减小　　B．增大　　C．不变　　D．以上均不正确

8．用万用表测量二极管，如果测得的正、反向电阻阻值均很小，说明二极管内部（　　）。

A．短路　　B．损坏　　C．开路　　D．击穿

三、判断题（正确的在括号内打“√”，错误的在括号内打“×”）

1．稳压二极管工作在反向击穿区。（　　）

2．当二极管两端电压低于死区电压时，二极管呈现出较小的电阻。（　　）

3．当二极管被加上反向电压时，流过二极管的电流很小。（　　）

4．锗管的反向饱和电流约为几十微安。（　　）

5．出现了反向击穿现象的二极管一定会被损坏。（　　）

6．最大整流电流是指二极管长期运行过程中，允许通过的最大正向平均电流。（　　）

7．当外加正向电压时，发光二极管的亮度随流过电流的增大而提高。（　　）

8．发光二极管发光的颜色与构成 PN 结的材料有关。（　　）

9．二极管的性能好坏可以用万用表检测。（　　）

10．万用表不能检测二极管的极性。（　　）

四、简答题

1．简述用数字式万用表判断二极管质量好坏的步骤。

2. 二极管的主要参数有哪些？各自的含义是什么？

课题2 半导体三极管

一、填空题（将正确的答案填写在横线上）

1. 普通三极管内部有____个 PN 结，____个掺杂区。根据 PN 结组合方式的不同，三极管分为________型和________型。

2. 发射极用字母____表示，集电极用字母____表示，基极用字母____表示。

3. 三极管利用__________电流控制______________和______________之间的电流。

4. 三极管集电极电流的变化量与基极电流的变化量之比，称为__________________________。

5. 场效应晶体管是利用输入回路的____________来控制输出回路电流的一种半导体器件。

6. 三极管有三种工作状态：__________、__________、_________。

7. 根据沟道材料的不同，结型场效应管和 MOS 管可分为____沟道和____沟道两种。

8. 利用 PN 结的____________性，可用万用表判别三极管类型和 E、B、C 三个极。

9. 光敏三极管在汽车上主要应用于_________中。

10. 晶闸管有三个电极：_________、_________和________________。

二、选择题（将正确答案的序号填入括号中）

1. NPN 型三极管的图形符号为（　　）。

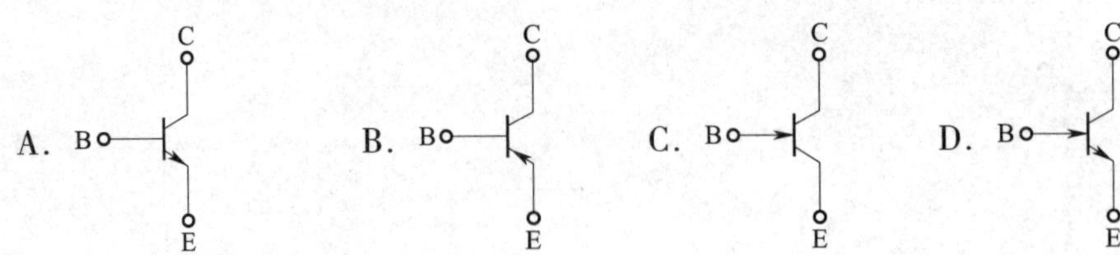

2. PNP 型三极管的图形符号为（　　）。

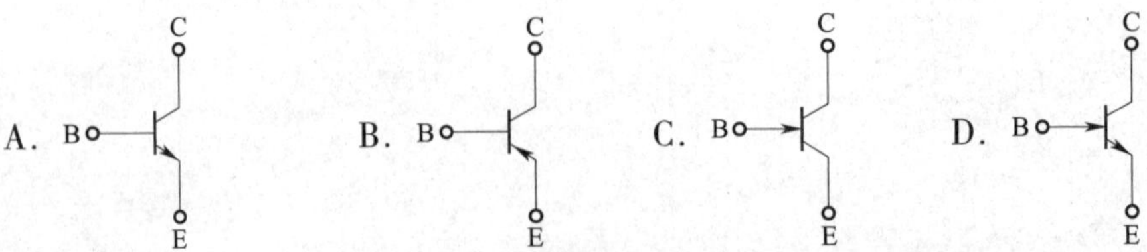

3. 三极管的穿透电流越（　　），其质量越好。

A. 大　　B. 小　　C. 稳定　　D. 以上均不正确

4. 在（　　）状态下，三极管集电极 C 与发射极 E 之间等效电阻很小，相当于短路。

A. 截止　　B. 放大　　C. 饱和　　D. 以上均不正确

5. 晶闸管属于（　　）控制元件。

A. 电流　　B. 电压　　C. 电阻　　D. 光

6. 利用晶闸管，可以用很小的（　　）电流控制很大的阳极电流。

A. 控制　　B. 阳极　　C. 阴极　　D. 基极

7. 使三极管得到充分利用而又安全可靠地工作的参数称为（　　）参数。

A. 基本　　B. 极限　　C. 穿透　　D. 反向

8. 在开关管控制的继电器、喷油器等线圈结构的电子元件旁边一定要并联一个（　　）。

A. 续流二极管　　B. 发光二极管　　C. 光敏二极管　　D. 三极管

三、判断题（正确的在括号内打“√”，错误的打“×”）

1. NPN 型三极管与 PNP 型三极管可以互相代替。（　　）

2. 若 I_c 超过 I_{cm}，三极管不一定损坏，但放大能力会下降。（　　）

3. 三极管工作在截止区的条件是发射结反偏（或零偏），集电结反偏。（　　）

4. 对于 NPN 型三极管，工作于放大区时，$V_C>V_B>V_E$。（　　）

5. 放大电路在工作时，NPN 型三极管的集电极必须接低电位。（　　）

6. 用万用表判别管脚时应首先确认基极。（　　）

7. 实际工作中经常采用目测法判别三极管管型和管脚极性，当用目测法不能做出准确判断时，可利用万用表进行检测。（　　）

8．晶闸管是一种仅有开关功能的硅半导体元件。 （ ）

四、简答题

1．简述三极管图形符号中箭头的含义。

2．简述三极管的三种工作状态。

3．简述用万用表判别三极管集电极和发射极的方法。

4. 某电路中三极管的各极电位如图 4-2-1 所示，试判断各三极管的工作状态。

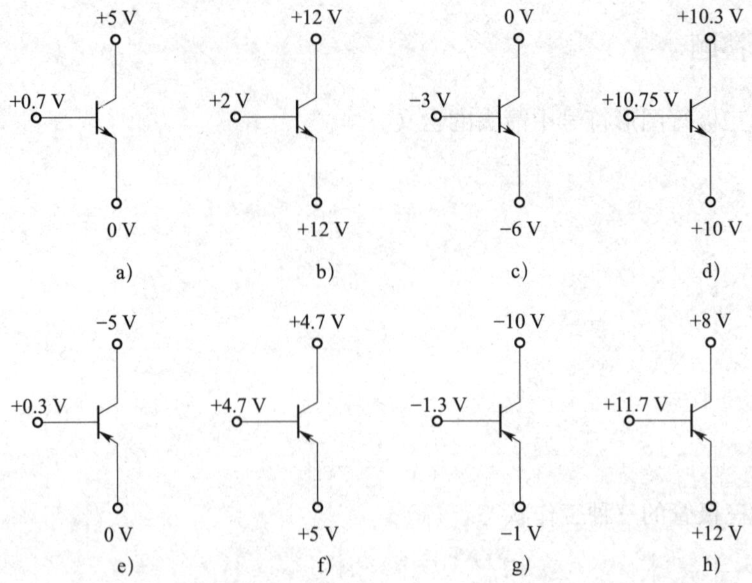

图 4-2-1　三极管各极电位示意图

5. 两个放大电路中的三极管的各极电位如图 4-2-2 所示，试识别三极管的管脚极性，并判断三极管是 NPN 型还是 PNP 型？是硅管还是锗管？

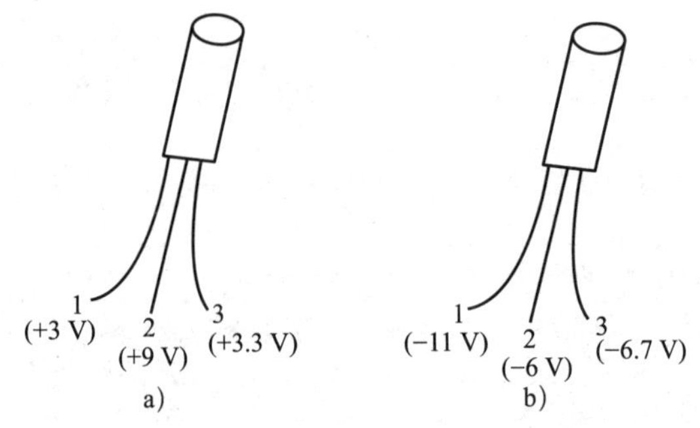

图 4-2-2　三极管各极电位示意图

a）三极管 1　b）三极管 2

课题3 半导体元件在汽车上的应用

一、填空题（将正确的答案填写在横线上）

1. 将交流电变成直流电的过程称为＿＿＿＿＿＿。

2. 在汽车交流发电机中，就是利用整流二极管组成的整流板将发电机发出的三相＿＿＿＿电整流为＿＿＿＿电。

3. 三个正极管和三个负极管构成的整流电路称为＿＿＿＿＿＿＿整流电路。

4. 在整流电路中，三个正极管的正极引出线分别与三相绕组的首端相连。在某一瞬间，只有与电位最＿＿＿的一相绕组相连的正极管导通。同样，三个负极管的引出线也分别同三相绕组的首端相连。在某一瞬间，只有与电位最＿＿＿的一相绕组相连的负极管导通。

5. 与线圈并联的二极管一定是负极接＿＿＿电位，正极接＿＿＿电位。

6. 三极管开关电路在汽车电路中的应用相当广泛，主要用于＿＿＿＿＿＿＿＿＿、电子点火器以及各种信号＿＿＿＿＿＿＿等。

7. 在汽车上光敏三极管主要应用于传感器中。把发光二极管和光敏三极管组合在一起，可实现以＿＿＿＿信号为媒介的＿＿＿＿信号的转换，采用这种组合方式的器件称为＿＿＿＿＿＿＿＿＿。

8. 当光电耦合器作为传感器来使用时，称为＿＿＿＿＿＿传感器。

二、选择题（将正确答案的序号填入括号中）

1. 汽车自动空调控制系统的日照强度传感器就是利用（　　）制成的。

   A．稳压二极管　　B．三极管

   C．发光二极管　　D．光敏二极管

2. 电压调节器就是利用（　　）的开关作用来控制励磁线圈电路的通断，从而达到调节电压的目的。

   A．稳压二极管　　B．三极管　　C．发光二极管　　D．光敏二极管

3. 利用光敏二极管制成光电式传感器，可以把（　　）信号转变为（　　）信号，

以便控制其他电子元件。

A. 光，电　　B. 电，光

C. 交流，直流　　D. 直流，交流

4. 光敏二极管大部分应用场合与稳压二极管类似，是反向工作，负极接（　　）电位，正极接（　　）电位。

A. 高，低　　B. 低，高　　C. 高，零　　D. 低，零

5. 稳压二极管虽然能够稳压，但它能通过的电流有限，一般只应用在（　　）电压、（　　）电流的工作场合。

A. 高，大　　B. 高，小　　C. 低，大　　D. 低，小

三、判断题（正确的在括号内打“√”，错误的打“×”）

1. 汽车交流发电机故障经常是由整流二极管的损坏导致的。（　　）

2. 在汽车的仪表电路和一部分电子控制电路中，常利用光敏二极管来获取稳定的电压。（　　）

3. 发光二极管主要应用在仪表板上作为指示信号灯或报警信号灯。（　　）

4. 电压调节器根据配合使用的交流发电机形式，有内搭铁和外搭铁之分。（　　）

5. 汽车电路中包含很多信号报警电路，基本原理是监控一个点的电位变化，从而控制三极管的开关，使其发出声音或光报警信号。（　　）

四、简答题

1. 什么是二极管的续流电路?

2. 简述发光二极管在汽车中的应用。

3．简述光电式传感器在汽车中的应用。

课题4 集成电路及其应用

一、填空题（将正确的答案填写在横线上）

1．集成电路是指采用一定的工艺，把晶体管、电阻、电容等电路元件和它们之间的连线全部集成在一小块或几小块________基片上，然后封装在一个管壳内，成为具有所需电路功能的微型结构。

2．汽车中集成电路常见的外形有__________、___________、____________________、______________、扁平型等。

3．单列直插型集成电路的脚位识别方法为：打点或带小坑的为______脚，按从______到______的顺序数。

4．根据处理信号的不同，集成电路可以分为________集成电路、________集成电路、____________集成电路。

5．集成运算放大器的结构通常分为_________、_________和_________三部分。

二、选择题（将正确答案的序号填入括号中）

1．集成运算放大器的（　　）是决定集成运算放大器性能的关键部分，通常采用双端输入的差分放大电路。

A．输入级　　B．中间级　　C．输出级　　D．发射极

2．集成运算放大器的（　　）通常采用互补对称的共集电极电路，减小输出电阻，提高电路的带负载能力。

A．输入级　　B．中间级　　C．输出级　　D．发射极

3．集成运算放大器的（　　）由多级电压放大电路组成，使集成运算放大器获得很高的电压放大倍数。

A．输入级　　B．中间级　　C．输出级　　D．发射极

4．双列直插型、扁平型集成电路的脚位识别方法为：从起始脚开始，按（　　）方向数。

A．从左到右　　B．从右到左　　C．逆时针　　D．顺时针

5．LM741 集成运算放大器的引脚 7 是（　　）。

A．正电压电源端子　　B．负电压电源端子

C．反相输入端　　D．同相输入端

6．LM741 集成运算放大器的引脚 2 是（　　）。

A．正电压电源端子　　B．负电压电源端子

C．反相输入端　　D．同相输入端

三、判断题（正确的在括号内打“√”，错误的在括号内打“×”）

1．集成运算放大器是由多级直接耦合放大电路组成的高增益模拟集成电路。（　　）

2．集成运算放大器在汽车电子电路中广泛应用。（　　）

3．以缺口槽位为起始标记的集成电路中，正对缺口槽的左下脚为 1 脚。（　　）

4．LM741 集成运算放大器的引脚 8 是输出端。（　　）

5．反向比例运算放大电路的特点是输入信号加在集成运算放大器的反向输入端。（　　）

四、简答题

1．简述集成电路的分类。

2．简述集成运算放大器在汽车上的应用。

3. 试画出理想集成运算放大器、反相器和电压跟随器的符号。

课题5 微型计算机基础

一、填空题（将正确的答案填写在横线上）

1. 在汽车电子电路中，传感器输入 ECU 的信号主要有__________和__________两种。

2. 二进制就是“逢二进一”，位权的表示方法是______（i=1，2，3，…）。

3. __________是将 CPU、存储器、输入 / 输出接口、总线等主要计算机部件集成在一块集成电路芯片上的微型计算机。

4. ________是具有译码指令和数据处理能力的电子部件，是汽车电子控制单元的核心。

5. 存储器是用来存储__________和________的部件。

6. 在单片机内部，CPU、ROM、RAM与 I/O 接口之间的信息交换都是通过________实现的。

二、选择题（将正确答案的序号填入括号中）

1.（　　）信号是电压“高”“低”间隔变化的脉冲式信号。

A. 模拟　　B. 数字　　C. 交流　　D. 直流

2．根据处理数据的不同，单片机可分为 4 位、8 位、16 位和（　　）位单片机。

A．30　　B．31　　C．32　　D．33

3．存储器按读写操作原理可分为（　　）。

A．RAM 和 ROM　　B．ROM 和半导体存储器

C．RAM 和磁质存储器　　D．半导体存储器和磁质存储器

4．（　　）是一种一旦信息写入就不可变更，而只能读出的存储器。

A．RAM　　B．ROM　　C．磁质存储器　　D．半导体存储器

三、判断题（正确的在括号内打“√”，错误的在括号内打“×”）

1．目前，汽车电控系统采用的单片机均为数字式单片机。（　　）

2．一般说来，写入 ROM 的信息不会由于断电而破坏或丢失。（　　）

3．汽车电控单元 ECU 的故障码、空燃比修正数据等存储在 ROM 中。（　　）

4．CPU 可通过控制总线随时掌握各个元件的状态，并根据需要随时向某个元件发出控制指令。（　　）

5．16 位微机的数据总线应有 32 根导线。（　　）

四、简答题

1．汽车中输出模拟信号的传感器有哪些？输出数字信号的传感器有哪些？请举例说明。

2．简述 RAM 与 ROM 的不同之处。

3．简述单片机中总线的分类及功能。

课题6 汽车计算机控制技术

一、填空题（将正确的答案填写在横线上）

1. 汽车计算机作为控制系统的核心，其硬件结构一般可分为三部分:____________、__________和____________。

2. 电控汽油喷射系统的功能是通过控制燃油的喷射量获得最佳____________。

3. 电控点火系统可使发动机在不同转速、进气量等条件下，获得最佳____________。

4. 防抱死制动系统属于汽车________电控系统。

5. 安全气囊控制系统属于汽车________电控系统。

二、选择题（将正确答案的序号填入括号中）

1. 汽车运行过程中，各种传感器不断检测汽车运行的工况信息，并将这些信息通过输入接口实时传送到（　　）。

A. 电子控制单元　　B. 单片机　　C. 发动机　　D. 起动机

2.（　　）可以使发动机始终保持最佳进气量。

A. 可变配气正时控制系统　　B. 废气再循环控制系统

C. 怠速控制系统　　D. 自动空调控制系统

3. 以下属于汽车发动机电子控制系统的是（　　）。

A. 安全气囊控制系统　　B. 防抱死制动系统

C. 电控动力转向系统　　D. 电控点火系统

4. 以下属于汽车底盘电控系统的是（　　）。

A. 自动空调控制系统　　B. 电子防滑系统

C. 自适应前照灯控制系统　　D. 电控汽油喷射系统

5. 以下属于汽车车身电控系统的是（　　）。

A. 车辆信息显示系统　　B. 电控自动变速器

C. 电控动力转向系统　　D. 废气再循环控制系统

三、判断题（正确的在括号内打“√”，错误的在括号内打“×”）

1. 电控点火系统能够提高功率、降低油耗、减少排气污染。（　　）

2. 电控悬架系统可根据不同的路面状况和车辆运行工况自动控制行车速度。（　　）

3. 怠速控制系统可以使发动机怠速转速处于最佳状态。（　　）

4. ECU 除了具有控制功能外，还具有故障自诊断功能。（　　）

5. 防抱死制动系统和电子防滑系统能够通过对车辆制动、起步和加速工况的控制，

达到提高车辆稳定性的目的。（　　）

6. 车载网络系统能够实现汽车内部各个电子控制系统之间的数据共享和快速传输，但会增加线束用量。（　　）

四、简答题

1. 简述汽车计算机控制系统的工作过程。

2. 什么是车载网络技术？

模块五　汽车电路的特点与表达方法

课题1　汽车电路的组成与特点

一、填空题（将正确的答案填写在横线上）

1. 汽车上装有两个电源，即____________、____________。

2. 汽车上常用的控制装置主要是________、____________和______________。

3. 双色导线中面积比例较大的颜色为________，面积比例较小的颜色为________。

4. W–B 表示主色为________色、辅色为________色的双色导线。

5. 汽车上常用的电路保护装置有____________、______________、____________等。

6. 目前汽油车普遍采用________V 电源，重型柴油车多采用________V 电源。

7. 汽车上的用电设备较多，________电路可确保各支路的用电设备电压相等，相互独立，互不影响。

8. ________即是从电源到用电设备使用一根导线连接，而另一根导线则由汽车车身或发动机机体代替。

9. 电源和用电设备的负极连接线与车体的搭铁点连接称为________________。

二、选择题（将正确答案的序号填入括号中）

1. 以下属于用电设备的是（　　）。

A. 蓄电池　　B. 发电机　　C. 熔断器　　D. 起动机

2. 为保证导线有足够的机械强度，导线截面积不得小于（　　）mm^2。

A. 0.1　　B. 0.2　　C. 0.4　　D. 0.5

3. 黑 / 白 1.0 表示（　　）的双色导线。

A. 截面积为 1.0 mm^2 的主色为黑色、辅色为白色

B. 截面积为 1.0 mm^2 的主色为白色、辅色为黑色

C. 截面积为 10 mm^2 的主色为黑色、辅色为白色

D. 截面积为 10 mm^2 的主色为白色、辅色为黑色

4. 以下说法正确的是（　　）。

A. 蓄电池充、放电时均采用交流电

B. 蓄电池充、放电时均采用直流电

C. 蓄电池充电时采用交流电，放电时采用直流电

D．蓄电池充电时采用直流电，放电时采用交流电

5．汽车用导线的标注中，蓝色的常用缩写为（　　）。

A．BR　　B．BU　　C．BK　　D．BE

三、判断题（正确的在括号内打“√”，错误的在括号内打“×”）

1．汽车用导线有高压导线和低压导线两种，均采用铜制多芯软线。（　　）

2．汽车电路中的两个电源为串联连接关系。（　　）

3．单线制不仅节约导线，使线路简化、清晰，而且也便于安装和检修。（　　）

4．负极搭铁可以在降低成本的同时防止电化学腐蚀，降低自燃概率。（　　）

5．导线上标注的字母 GR 表示颜色为褐色。（　　）

四、简答题

1．简述汽车电路的组成。

2．简述汽车电路的基本特点。

课题❷ 汽车电路图的类型与特点

一、填空题（将正确的答案填写在横线上）

1．汽车电路图的种类很多，常用的主要有__________、____________、________和______________。

2．______________是根据汽车线束在汽车上的布置、分段及各分支导线端口的具体连接情况而绘制的简图。

3．威朗汽车起动机控制逻辑关系原理框图中，K9 车身控制模块与 K20 发动机控制模块之间的箭头是双向的，表示采用________通信。

二、选择题（将正确答案的序号填入括号中）

1．新速腾汽车电路原理图中，数字（　　）表示来自蓄电池正极的供电线。

A．30　　B．15

C．31　　D．50

2．新速腾汽车电路原理图中，数字（　　）表示来自点火开关的点火供电线。

A．30　　B．15

C．31　　D．50

3．新速腾汽车电路原理图中，数字（　　）表示点火开关在启动挡时的启动供电线。

A．30　　B．15

C．31　　D．50

三、判断题（正确的在括号内打“√”，错误的在括号内打“×”）

1．原理框图对内容的描述是概略的。（　　）

2．新速腾汽车电路原理图中所有电路都是横向排列的。（　　）

3．新速腾汽车电路原理图中采用断线编号法来解决线路交叉问题。（　　）

4．线束图主要用于汽车电路的安装、配线、检测和维修。（　　）

5．原理框图中的箭头方向表示信号的传输方向，箭头方向如果为双向，表示信号既能输入也能输出。（　　）

四、简答题

1．简述原理框图的特点。

2．简述电路原理图的特点。

3．简述线束图的特点。

课题3　汽车电路的表达方法

一、填空题（将正确的答案填写在横线上）

1．汽车电路图中的⊥符号表示________。

2．汽车电路图中的(OP)符号表示____________。

3．汽车电路图中的▷U符号表示________________。

4．汽车电路图中的△符号表示________________________。

5．汽车电路图中的(M)符号表示________________。

二、选择题（将正确答案的序号填入括号中）

1．汽车电路图中的—▭—符号表示（　　）。

A．电阻　　B．断电器　　C．继电器　　D．熔断器

2．汽车电路图中的符号表示（　　）。

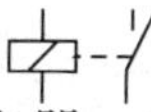

A．常开触点继电器　　B．常闭触点继电器

C．熔断器　　D．火花塞

3．汽车电路图中的符号表示（　　）。

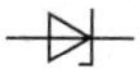

A．发光二极管　　B．稳压二极管　　C．二极管　　D．光敏二极管

4．汽车电路图中的符号表示（　　）。

A．永磁铁　　B．电感器　　C．熔断器　　D．闪光器

三、判断题（正确的在括号内打“√”，错误的在括号内打“×”）

1．汽车电路图中的符号表示导线的交叉连接。（　　）

2．汽车电路图中的符号表示动合（常开）触点。（　　）

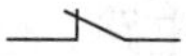

3．汽车电路图中的符号表示电阻器。（　　）

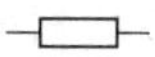

4．丰田汽车电路图中表示搭铁的符号为。（　　）

5．汽车电路图中的符号表示火花塞。（　　）

四、简答题

1．分别画出大众、丰田、别克汽车电路图中的熔丝的图形符号。

2．分别画出大众、丰田、别克汽车电路图中的常开触点继电器的图形符号。

课题4　汽车电路图的识读技巧

一、填空题（将正确的答案填写在横线上）

1．控制装置安装在用电器供电线上是控制________。

2．控制装置安装在用电器搭铁回路上是控制________。

3．在分析电路时要明确是单一控制还是________。

4．开关是控制电路通断的关键，而__________不仅是控制开关，也是被控制对象。

二、选择题（将正确答案的序号填入括号中）

1．用继电器控制用电器的控制方式是（　　）。

A．直接控制　　B．间接控制　　C．控制供电　　D．控制搭铁

2．在电路图中，各种开关、继电器都是按（　　）状态画出的。

A．原始　　B．工作　　C．原始或工作　　D．以上均不正确

3．若是（　　）的电路图，则可以以电控单元为核心将电路图分为四部分，即电控单元信号输入电路、执行器工作电路、电控单元电源电路、电器设备电路。

A．直接控制　　B．间接控制　　C．电子控制　　D．非电子控制

三、判断题（正确的在括号内打“√”，错误的在括号内打“×”）

1．汽车上的用电器都必须在蓄电池正、负极之间构成完整闭合回路才能工作。（　　）

2．当开关接线柱较多时，应首先找出从电源来的一两个接线柱，再逐个分析与其他各接线柱相连的用电设备处于何种挡位，从而找出控制关系。（　　）

3．在汽车电路图中，供电一般画在下方。（　　）

4．在汽车电路图中，搭铁一般画在上方。（　　）

四、简答题

简述汽车电路图的读图技巧。

五、识图题

1．写出图 5–4–1 中数字 1～13 对应字母或代号的含义。

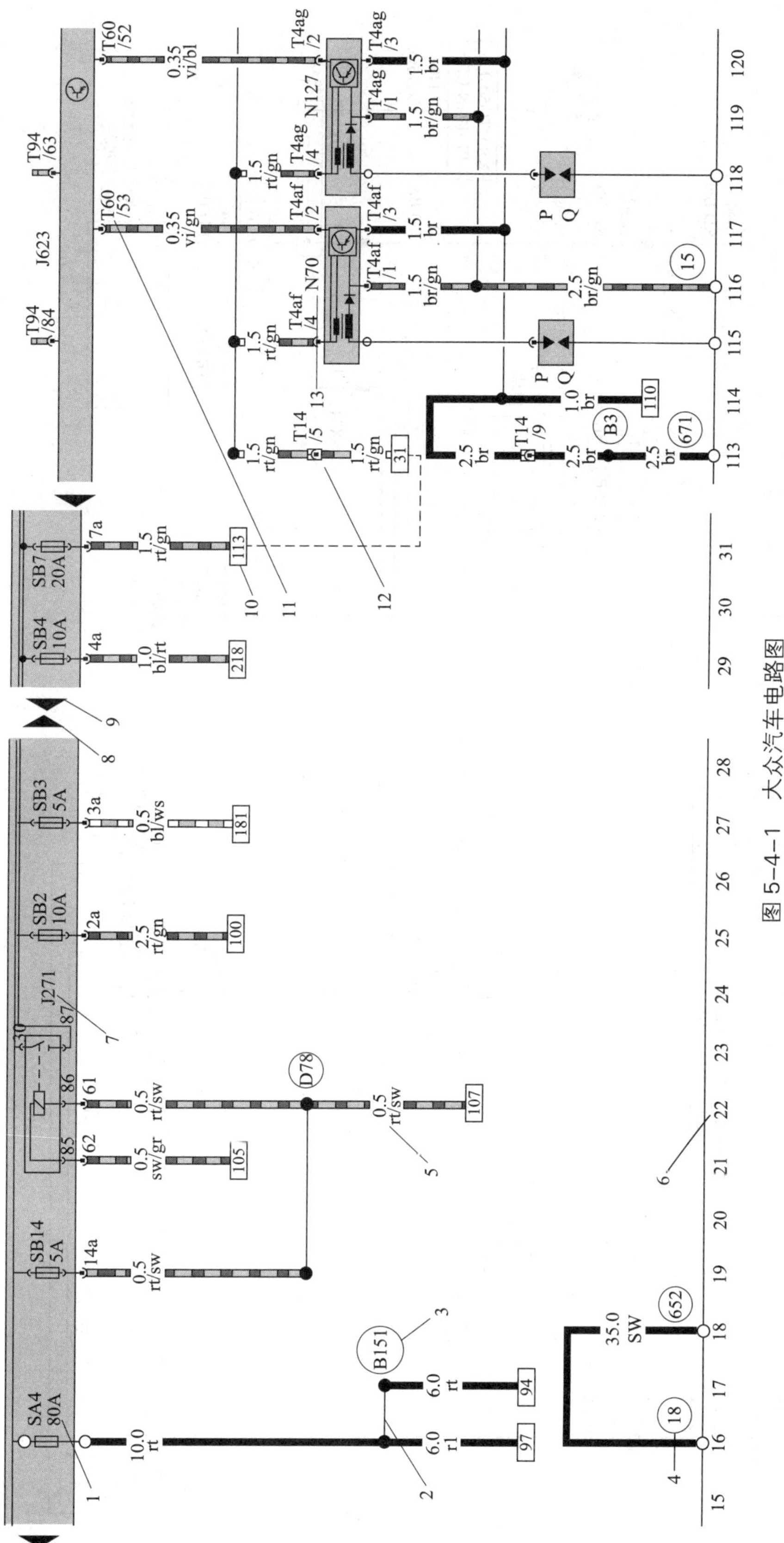

图 5-4-1 大众汽车电路图

2．写出图 5–4–2 中数字 1 ~ 8 对应图形符号的含义。

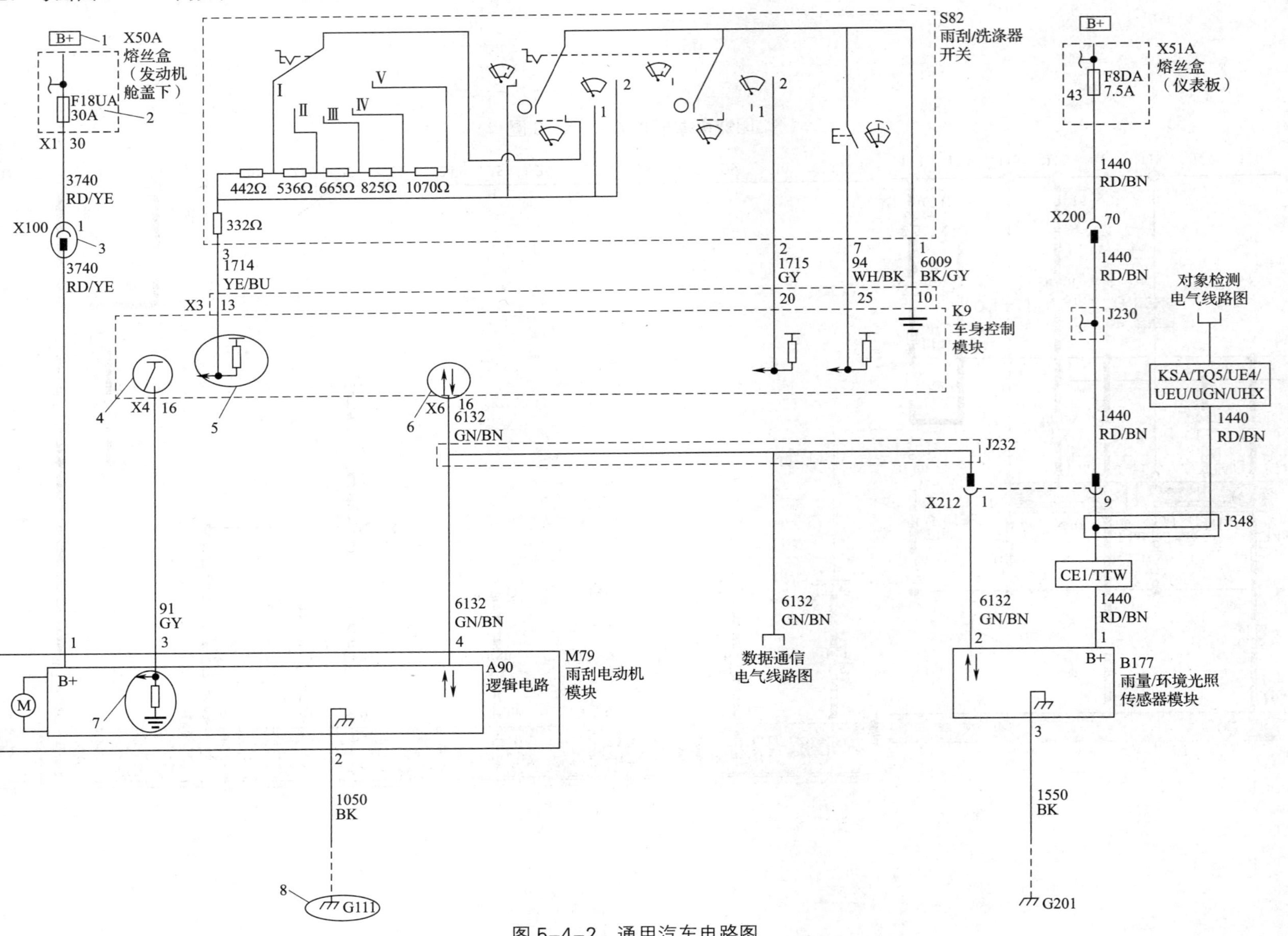

图 5–4–2 通用汽车电路图

模块六　典型汽车电路分析及检测

课题1　典型电源系电路分析及检测

一、填空题（将正确的答案填写在横线上）

1. 汽车电源系的作用是为汽车电气系统提供充足而稳定的________，以保证电气系统的正常工作。

2. 汽车电源系电路由__________、__________、电压调节器、熔断器、_______________、点火开关、必要的导线和电缆等组成。

3. 蓄电池和发电机________联于汽车电路之中，____________是主要电源，发动机工作过程中为车上的电气装置供电，同时为____________充电；____________是辅助电源，汽车启动时向起动机提供所需的电能。

二、选择题（将正确答案的序号填入括号中）

1. 根据教材中的丰田卡罗拉电源系电路图，以下说法错误的是（　　）。

A. 电压调节器为集成电路调节器，位于发电机外部

B. 当发电机电压过低时，充电指示灯亮

C. 蓄电池负极与发电机负极通过搭铁相连

D. 发电机和蓄电池是并联连接

2. 进行丰田卡罗拉充电线路的测试时，拆下发电机 A 插接器，用万用表红表笔测量插接器 1 号端子上的电压，电压值应（　　）V，否则应进行下一步测试。

A. 大于等于 11.5　　　　B. 小于等于 11.5

C. 大于等于 10　　　　B. 小于等于 10

3. 进行汽车电路质量测试时，宜选用万用表直流电压挡的（　　）量程，以减小测试误差。

A. 高　　　　B. 中

C. 低　　　　D. 任意

4. 汽车电路质量的测试应在电源电压正常情况下进行，在通电状态下逆着电路电流方向测试其电压降，如果电压降小于（　　）V，说明电路情况良好。

A. 0.2　　　　B. 0.5

C. 0.8　　　　D. 1.0

三、判断题（正确的在括号内打“√”，错误的在括号内打“×”）

1．低压搭铁试火法即拆下用电设备的某一线头并与汽车的金属部分（搭铁）碰试，通过是否产生火花来判断电路是否存在故障。（　　）

2．根据教材中的丰田卡罗拉电源系电路图可知，励磁电路和充电指示灯由点火开关控制。（　　）

3．根据教材中的丰田卡罗拉电源系电路图可知，当发动机工作，发电机电压高于蓄电池电压时，组合仪表总成 E55 控制充电指示灯熄灭，指示发电机工作良好。（　　）

4．短路法可用来判断汽车电路中有无短路故障。（　　）

5．现代汽车中电压调节器一般装于发电机内部，与发电机共称为整体式发电机。（　　）

四、简答题

1．汽车电路常见的测试方法有哪些？

2．简述汽车电路质量的测试方法。

3. 结合教材中的丰田卡罗拉电源系电路图，简述蓄电池为励磁绕组供电时的电流流向。

课题2 典型照明系电路分析及检测

一、填空题（将正确的答案填写在横线上）

1. 汽车照明系电路由________、灯光开关、变光开关、继电器、________、熔断器等装置组成。

2. 由于前照灯远光功率较大，为了减少照明开关的烧蚀，常用____________来控制前照灯的通断。

3. 超车灯信号常用__________的亮灭来表示，此信号不通过灯光开关，属于________接通按钮。

4. 电路测试应遵循“先易后难，先______后______，尽量不拆”的原则。

二、选择题（将正确答案的序号填入括号中）

1. 以下故障中，不会导致新速腾汽车近光灯不亮的是（　　）。

A. 近光灯灯泡损坏

B. 熔丝 SC23 熔断

C. 车载电网控制单元 J519 损坏

D. 转向柱电子装置控制单元 J527 损坏

2. 以下关于丰田卡罗拉近光灯测试的说法中，错误的是（　　）。

A. 变光开关置于近光灯位置时，两近光灯应同时点亮。

B. 检测的顺序应为：熔断器→前照灯插座→前照灯→组合开关→搭铁

C. 用试灯测试前照灯熔断器 LH-LO 10 A 和 RH-LO 10 A 时，如试灯点亮，说明从电源正极到熔断器间的线路良好

D. 用试灯测试前照灯插座时，如试灯不亮，则检测熔断器到灯座间的电路；如试灯点亮，则应检查近光灯灯泡

3．需要超车时，应将丰田卡罗拉汽车的变光开关置于（　　）挡。

A．Head　　B．Flash　　C．MAIN　　D．H–LP

三、判断题（正确的在括号内打“√”，错误的在括号内打“×”）

1．前照灯分为远光灯与近光灯，用变光开关控制。（　　）

2．现代车辆的照明系统常用组合开关集中控制，组合开关多安装在转向柱上，位于转向盘右侧，操作时驾驶员的手可以不离开转向盘。（　　）

3．灯光系统的电流一般直接来自蓄电池正极，不受点火开关控制。（　　）

4．照明灯电路的一般接线规律是先开启前照灯再开启小灯。（　　）

5．在照明系电路中，熔断器和前照灯的拆卸最为方便，而组合开关的拆卸较为复杂。（　　）

6．当进行丰田卡罗拉远光灯电路测试时，将变光开关置于远光灯位置，两远光灯应同时点亮，否则应进行下一步测试。（　　）

四、简答题

1．结合图 6–2–1 和教材中图 6–2–2，简述新速腾汽车左转向信号灯电路的信号传递线路。

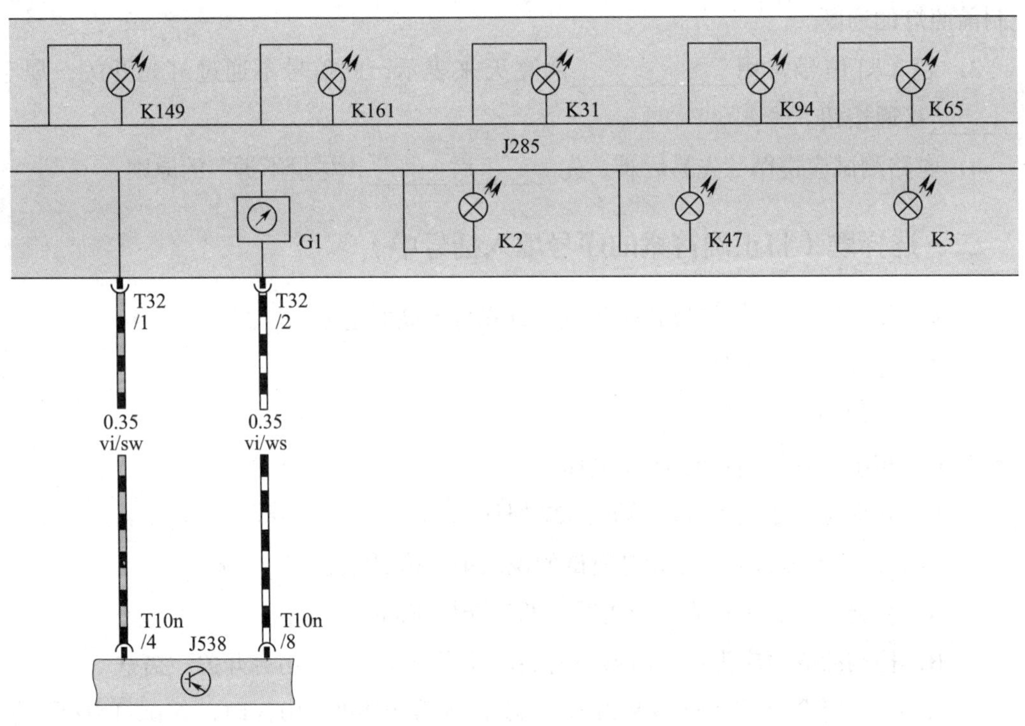

图 6–2–1　新速腾汽车照明系电路图

2. 简述新速腾汽车远光灯电路的测试方法。

3．简述丰田卡罗拉汽车近光灯电路的测试方法。